AF247347

NOTICE

HISTORIQUE

SUR M. L'ABBÉ PONE

ANCIEN CURÉ DE LA PLANÉE.

Hommage

De Vénération et de Recon-
naissance à la mémoire du
meilleur des pères.

Pietate ergà patrem laudatus
et excusatus (TACIT).

Pontarlier,

LIBRAIRIE DE THOMAS.

1841.

PONTARLIER, IMPRIMERIE DE VEUVE FAIVRE.

NOTICE

HISTORIQUE

Sur M. l'abbé Pône

ANCIEN CURÉ DE LA PLANÉE.

Pietate ergà patrem laudatus
et excusatus.   (TACIT.)

Un saint vieillard, honneur du sacerdoce, soutien courageux de la foi aux jours
de persécutions, M. Pône, ancien curé
de la Planée, est mort à Chantegrue, (*)
le 21 décembre 1840 à l'âge de 78 ans.

Les services importants rendus par ce

____

(*) Hameau dépendant de la paroisse de Vaux.

respectable ecclésiastique, à son pays natal; les bienfaits marquants dont il l'a honoré, par l'acte de ses dernières volontés, et surtout sa générosité envers les pauvres, ont fait désirer vivement à quelques personnes pieuses et reconnaissantes, une notice abrégée de sa vie. Je cède d'autant plus volontiers à leur désir, que j'ai été moi-même environné de toute la tendresse de sa bonté, et que par les relations intimes qu'il m'a été donné d'entretenir avec lui, pendant trois années consécutives, je puis plus facilement rapporter et préciser les faits de cette vie dont il m'a entretenu tant de fois. Je connais d'avance les bonnes intentions des personnes auxquelles ce souvenir sera confié pour croire qu'elles respecteront la mienne qui se rapporte toute à la gloire de Dieu et à la mémoire d'un saint.

Monsieur Pône, Jean-Antoine, naquit à Chantegrue le 14 novembre 1763, de parents peu favorisés de la fortune, mais doués d'une piété fervente, qui développèrent de bonne heure ses heureuses dispositions à la vertu. Dans ses premières années, on ne vit rien en lui qui ressentît les faiblesses de l'enfance; on y remarquait au contraire, je ne sais quoi qui n'était point de son âge; aussi sa vocation pour l'état ecclésiastique ne tarda pas à se manifester. Son père, malgré la médiocrité de sa fortune, secondé par le zèle et secouru par la charité du bon pasteur qui dirigeait alors la paroisse (*) l'encouragea et l'aida de tout son pouvoir à marcher vers cette carrière ; il le confia aux soins d'un maître habile (**) qui fit presque toute son éducation. Dans le cours de ses études, il fut un modèle d'édification pour ses condisciples et un sujet d'admiration pour ses maîtres ; sa candeur, son affabilité, ses prévenances et sa douceur inaltérable le firent chérir de tous.

Parvenu au séminaire de Besançon, M. Pône s'y prépara, par tout ce que la piété a de plus tendre et de plus affectueux, à devenir le fidèle imitateur de celui qu'il devait si bien servir pendant sa longue

---

(*) M. Savonnet, Jacques-François, ancien curé de Vaux, dont la mémoire sera à jamais révérée dans cette paroisse qu'il dirigea pendant 50 ans, fournit en partie aux frais de ses études.

(**) M. Curlier, régent à Mignovillars.

carrière. Tant de vertus et une si belle préparation le firent admettre au nombre des lévites, et bientôt il fut désigné pour recevoir l'onction sainte du sacerdoce; déjà il touchait au jour où il allait être pour jamais consacré au culte du Seigneur; il frappait à la porte du sanctuaire, il allait franchir le seuil qui le séparait de l'autel; son bon cœur se dilatait et s'abîmait dans la contemplation d'un si sublime bonheur. Mais il était écrit au livre des décrets célestes, que son épreuve n'était point suffisante, que le chemin qu'il avait suivi était trop beau pour conduire à l'autel d'un Dieu crucifié, pour monter au calvaire; qu'il fallait marcher par la voie de la tribulation et subir tout le poids d'une rude persécution.

En effet, le tonnerre des révolutions se faisait entendre et grondant sur la France,

la menaçait de toute sa fureur. Triste de
sa position et épouvanté de l'avenir, M.
Pône revint au foyer paternel attendre des
jours meilleurs; mais il ne put y rester
jusqu'à la fin de l'orage; un feu ardent,
un incendie consumaient son cœur; im-
patient de lutter contre l'enfer déchaîné,
il ne goûta plus de repos ni le jour ni la
nuit; n'écoutant que son zèle, il prit alors
la résolution la plus généreuse : il s'arra-
cha des bras de son père, se montra in-
sensible aux larmes de sa mère, à ces
larmes si douces qui auraient été capables
de faire tant d'impression sur son âme an-
gélique, si elle n'eût été gouvernée par
une puissance supérieure, et courut s'en-
rôler sous les étendards de Jésus-Christ.
Il fut investi de la dignité du sacerdoce à
Fribourg (Suisse) en 1793.

Qu'il fut beau pour lui, qu'il fut solennel le jour où il fut uni d'une manière si étroite avec son Dieu ! ! ! Qu'il fut beau pour l'Eglise, qu'il fut consolant ce jour qui lui donna un ministre si sage, un dé-fenseur si intrépide !! Tout brûlant pour sa cause, il ne voulut pas quitter son autel sans former un vœu pour sa gloire : il jura donc comme un autre Mathathias de voler au secours de ses frères, de ses compatriotes. (*) Dans ces temps de dou-loureuse mémoire où les temples étaient profanés, abattus, la foi chancelante, le prêtre voué à la mort, un cœur vulgaire se fut rebuté de venir en France. M. Pône n'hésita pas à rentrer dans sa patrie; il revint et partout il répandit des consola-tions ineffables. Les forêts sombres, les lieux les plus escarpés de nos montagnes,

____

(*) M. Pône a fait cet aveu pendant sa dernière maladie.

les cavernes sauvages lui servaient de refuge. (*) Là, comme aux jours les plus glorieux de l'Eglise, à la clarté des flambeaux célestes, il célébrait les saints mystères ; là, il réconciliait l'homme avec Dieu, substituait la paix aux remords, et faisait descendre, du ciel dans les cœurs, les douces et bienfaisantes rosées de la grâce. Oh ! chrétiens fervents de nos pays ! anges de nos déserts ! redites-nous les lieux, faites-nous connaître les sites qui furent témoins de tant de prodiges, sanctifiés par tant de sacrifices? et vous pécheurs, racontez-nous les miracles de vos conversions, faites-nous part de toutes

____

(*) Les forêts qui avoisinent les paroisses de Vaux, Remoray, Boujons, Pontets, et qui bordent, à l'est, le vallon sauvage de Combe-Noire, furent les lieux qu'il habita le plus souvent et où il exerça, le plus long-temps, pendant la révolution, les fonctions du St. ministère.

vos émotions! Alors, pénétrés du plus profond respect pour tant de précieux souvenirs, nous bénirons la mémoire du saint homme qui fut votre père, votre sauveur et votre libérateur.

Exténué de fatigues, avec une santé frêle et une complexion délicate, M. l'abbé Pône est à la veille de succomber : néanmoins il ne se rebute pas; il continue, au contraire, avec intrépidité ses travaux apostoliques; il semble qu'un souffle divin l'anime, il se multiplie, il est partout; pas un malade qu'il ne visite, pas un affligé qu'il ne console, pas une infortune qu'il ne soulage. Il sait cependant qu'il est exposé aux plus grands dangers, il entend gronder la foudre, elle est à ses côtés; mais rien ne peut ralentir son zèle; plus fort que la mort, il lutte contre elle avec courage.

La Providence cependant l'avait conduit au terme de ses désirs, elle le destinait au martyre. Dans une excursion, dirigée par son dévouement, il tombe au pouvoir de ses ennemis (*) : à l'instant il est chargé de chaînes et traîné par une soldatesque effrénée devant la barre du tribunal révolutionnaire. Condamné à la déportation par arrêt de ce tribunal d'odieuse mémoire, il subit dans les donjons du Fort de Joux une prison de quelques mois, puis transféré à Besançon, il est bientôt dirrigé vers le lieu de son exil.

Qu'il fut douloureux ce trajet si long! qu'il fut pénible ce chemin de mort! il me semble encore l'entendre raconter les longues stations de son agonie, les mortelles

---

(*) M. l'abbé Pône fut arrêté à Chantegrue et conduit devant l'assemblée du district de Labergemont.

angoisses de son âme. Sa sérénité ne l'abandonne cependant pas, et quand même par un raffinement de cruauté de la part de ses bourreaux, il est obligé de contourner la guillotine à Angoulème, il reste calme, il paraît impassible. Il arrive enfin au lieu déterminé, il touche à la rade de l'île d'Aix (Charente inférieure).

Que se passa-t-il sur ces pontons infernaux ? Dieu seul connaît l'excès des tortures qu'il eut à endurer pendant deux ans. Enseveli tout vivant dans ce bagne infect, il lui est défendu de respirer librement ; couvert de vermine, il lui est interdit de faire le plus léger mouvement ; en proie à d'horribles souffrances, il lui est défendu de se plaindre ; consumé par une fièvre brulante qui le dévore, il est condamné aux trayaux pénibles de la marine ; à la veille d'une mort imminente, il

est arraché de son lit de douleur, si tou-
tefois on peut appeler lit quelques brins
de paille épars à fond de câle; dévoré par
la faim, brûlé par la soif, il est nourri et
abreuvé de quelques vils rebuts d'impi-
toyables matelots qui le repoussent et lui
font mille outrages. Toutes ces tortures ne
font cependant qu'ajouter à son bonheur;
il se trouve conforme à Jésus, voilà toute
sa joie. Une seule pensée l'inquiète et
l'afflige profondément; il voit devant lui
des hommes que nous appellerions tigres
et qu'il veut bien encore, malgré leur in-
humanité, qualifier du beau nom de chrétiens; il voudrait de tout son cœur leur
retour à de meilleurs sentiments; il désire,
il ambitionne leur conversion; mais inu-
tilement, il ne peut leur en parler sans
compromettre son existence et celle de
400 confrères victimes, comme lui, du

despotisme affreux de la révolution.

Arrêtez-donc, lecteurs attendris, et comprenez, si vous le pouvez, l'excès de sa douleur!!! ......

Cependant la tempête révolutionnaire s'appaise; un temps plus calme succède à l'impétuosité de l'orage.; la paix, la douce paix commence à reparaître; on accorde alors à M. l'abbé Pône la liberté de rentrer dans sa patrie. A cette nouvelle inattendue, il élève ses yeux vers le ciel, et après quelques instants d'un recueillement profond, il bénit la Providence non point de voir finir ses maux et de toucher au terme de son exil mais parce qu'il a été trouvé digne de souffrir quelque chose pour Jésus son divin maître. (*) Il revient aussitôt

(*) Ibant gaudentes, quoniam digni habiti sunt, pro nomine Jesu contumeliam pati (Act. apost. c. 5.).

consoler sa famille des horreurs de sa captivité, et après avoir accompli cette œuvre inspirée par la piété filiale, il vole à de nouveaux travaux : il exploite le champ du père de famille qu'il retrouve et qu'il ne reconnaît plus ; ce n'est plus qu'un désert. Oh ! avec quelle ardeur il se met à l'ouvrage ! Il arrache les ronces et les épines qui le couvrent de toute part, il le fertilise par ses sueurs, et à force d'efforts il lui rend son ancienne fécondité. Successivement curé à la Rivière, à Sainte Colombe, à la Planée, il fait fructifier au centuple, dans ces paroisses, les trésors que renferme son noble cœur ; il est partout un modèle de foi, de zèle, de piété et de charité. Les regrets, le deuil public que cause dans ces villages la perte d'un si bon pasteur, forment le plus éclatant témoignage de ses vertus.

Enfin consumé de vieillesse, épuisé de fatigues, il cessa en 1837 les fonctions pastorales et vint, comme il le répétait souvent, s'enfermer dans la solitude pour penser uniquement à son éternité. Nous ne dirons rien de la résignation parfaite, de la foi vive, de la patience héroïque, de l'humilité profonde, de la piété touchante qu'ont admirées tous ceux qui le visitaient dans sa retraite : heureux ceux que le Seigneur a rendus témoins de ce spectacle, il ne s'effacera jamais de leurs cœurs. Après trois années de langueur, il s'endormit du doux sommeil du Juste, à l'endroit même ou 78 ans auparavant il avait vu le jour.

Mortuus est in senectute bonâ provertæque ætatis ac plenus dierum (*Genèse* 25. 8.).

Il mourut dans la plus belle et la plus

honorable vieillesse, plein de jours et de mérites (Genèse 25. 8.)

Ennemi déclaré d'un monde pour lequel il n'avait jamais eu que du dégoût, il le quitta comme on quitte dans le port un vaisseau toujours battu par la tempête, en regrettant seulement quelques compagnons de voyage qu'on devance de quelques pas, et qu'on appelle à soi dans la commune patrie.

Il expira plein de ces sentiments, muni des sceaux sacrés de l'Eglise, non point avec cette intrépidité qui combat des terreurs, mais avec la sérénité d'une paix profonde, au milieu de ses compatriotes en larmes qui l'invoquaient déjà, laissant à ses confrères et à ceux qui l'environnaient, un exemple et des souvenirs éternels.

Ses obsèques ont eu lieu le mercredi 23 décembre, avec toute la pompe qu'exi-

geaient les funérailles d'un St. prêtre. Vingt-
quatre ecclésiastiques , curés des paroisses
environnantes , se sont empressés de venir
rendre les derniers devoirs à celui qu'ils
honorèrent et chérirent comme un modèle,
comme un père. M. Renaud, curé de Mou-
the, a officié ; le discours simple mais tou-
chant dans lequel il a rappelé avec l'accent
d'une profonde émotion, les vertus du vé-
nérable M. Pône , a vivement attendri les
nombreux assistants à cette imposante cé-
rémonie.

H***** P. C. D. V,